Inhalt

WISSENSMANAGEMENT

Kernthesen

Beitrag

Fallbeispiele

Weiterführende Literatur

Impressum

WISSENSMANAGEMENT

I. Zeilhofer-Ficker

Kernthesen

- Führende Manager sehen im Wissensmanagement eine der größten Herausforderungen für die Zukunft ihrer Unternehmen. (6)
- Wissensmanagement-Lösungen scheitern häufig an der Angst vor Macht-, Status-, Kompetenz- oder Autoritätsverlust durch die Weitergabe von Wissen. (6)
- Neben technischen Lösungen muss jedes Unternehmen auch organisatorische, kulturelle und strategische Änderungen vorsehen, um erfolgreiches Wissensmanagement zu betreiben. (1)

Beitrag

Was ist Wissensmanagement?

Wissensmanagement oder auch neudeutsch Knowledge-Management wird oft falsch verstanden als das reine Aufbauen von technischen Lösungen, die helfen sollen, Wissen im Unternehmen zu speichern und allen Nutzern zugänglich zu machen. Knowledge Management umfasst aber außer der Bereitstellung von Datenbanken, Suchmaschinen, Dokumenten-Management, Kommunikationsplattformen und e-Learning-Systemen vor allem das Schaffen einer Unternehmenskultur und der dazu notwendigen Infrastruktur, die die Weitergabe von Wissen nicht nur fordert, sondern auch über Anreize und Zielvorgaben fördert. (4)

"Wissensmanagement" oder auch "Knowledge-Management" ist zum aktuellen Thema vor allem im Dienstleistungsbereich und in großen, weltweit operierenden Unternehmen geworden. Aber auch kleine und mittlere Unternehmen werden sich dem Thema in Zukunft nicht verschließen können.

Was kann Wissensmanagement bewirken?

Unternehmen besitzen eine Unmenge an Informationen, sind jedoch oft nicht in der Lage hieraus Wissen zu schöpfen.

Wissensmanagement hat die Aufgabe, die in den Köpfen der Mitarbeiter, in Aktenordnern oder irgendwelchen Dateien befindlichen Informationen und Kenntnisse zu sammeln, zu speichern und so aufzubereiten, dass dies als Wissen an der Stelle verfügbar und abrufbereit ist, an der es (wieder) gebraucht wird.

Wissen soll unternehmensweit verfügbar, vorhandenes Wissen durch- und überschaubar gemacht, die Kommunikation verbessert und Doppelarbeit vermieden werden. (5)

Praktische Umsetzung

Zuerst muss man sich über die Wissens-Ziele eines Unternehmens Klarheit schaffen. Der mittelständische Fertigungsbetrieb wird sich mit einem Programm zum Dokumenten- und Inhaltsmanagement zufrieden geben. Global agierende Großunternehmen dagegen werden umfassendes Wissensmanagement betreiben, Strukturen schaffen, Prozesse entwickeln müssen, um das vorhandene Know-How effektiv zu nutzen und beim Ausscheiden von Personal den Verlust von Wissen möglichst gering zu halten. (1)

Die Einbindung in das Unternehmen kann auf unterschiedliche Arten erfolgen.
Bei Siemens gibt es beispielsweise neben großen Datenbanken ein Netzwerk von heute 500 Wissenspraktikern und Experten, an das konkrete Fragen zur Lösung eines Problems adressiert werden können. Dieses Netzwerk fungiert als Speicher verteilten und zu verteilenden Wissens. (1)
In angloamerikanischen Anwaltskanzleien hat sich das Berufsbild des "Professional Support Lawyers" etabliert. Der Aufgaben-Schwerpunkt des PSL ist das Sammeln, Auswerten und Strukturieren vorhandenen Wissens. Er entwickelt und aktualisiert Muster, standardisierte Gutachten und Stellungnahmen ebenso wie Fortbildungsmaterialien und Mandanteninformationen. (7) Bei anderen Dienstleistungsunternehmen nennen sich diese Fachleute "Knowledge-Broker". (4) (6)

Technische Umsetzung

Die Grundlage von technischen Knowledge-Management-Lösungen ist meist ein Intranet oder eine Groupware, über die auf spezifische Datenbanken zugegriffen werden kann. (1) IT-Portale stellen die Verbindung zwischen Informationsquellen aus verschiedenen Anwendungen her und führen sie auf einem Bildschirm transparent zusammen. Egal ob Excel-, Word-, HTML-, PDF-, Bitmap- oder sonstige Dateien, alle können genutzt werden. Dazu sind natürlich ausgefeilte, maßgeschneiderte Suchfunktionen und Content-Management-Lösungen Standard. (8) (9)

Kommunikationsfunktionen wie Chat-Rooms, Teamrooms, Ideenpools oder Newsgroups gehören genau so dazu wie elektronische Trainings- und Lernprogramme. In diesem Zusammenhang setzen Unternehmen vermehrt auf Web-Based-Trainings, e-Tutorials (Email mit dem Tutor) und virtuelle Seminarräume, in denen sich die Seminarteilnehmer in Lern-Communities zusammenfinden. Neben immensen Kostenreduktionen durch den Wegfall von Reise- und Übernachtungskosten hat e-Learning u. a. den großen Vorteil, dass der Schüler asynchron lernen kann, d. h. nicht-relevante oder schon bekannte Themen können übersprungen werden, will man aber ein Thema vertiefen, stehen Lernzugaben wie Presseartikel, Audios, Videos oder Grafiken bereit. (3)

Kritische Erfolgsfaktoren

Die Hauptgründe dafür, dass viele Knowledge-Management Projekte scheitern, liegen eher im strategischen und organisatorischen Bereich als an der technischen Realisierung. (6)

Leider missbrauchen heutzutage noch viele Wissensarbeiter ihr Wissen zum persönlichen Machterhalt. Menschen betrachten ihr eigenes Wissen als Gut, das es vor dem Zugriff anderer zu schützen gilt. (5)

Um Wissensmanagement erfolgreich zu machen, muss deshalb eine Kultur geschaffen werden, in der die Weitergabe von Wissen belohnt wird. Es geht darum, durch gezieltes Training und geeignete Anreize eine "Kultur des Wissens-Teilens" herzustellen. Unerlässlich ist dabei, dass diese Kultur von der Unternehmensleitung nicht nur unterstützt sondern vorgelebt wird. (1)

Fallbeispiele

Ein interessantes Beispiel von Wissensmanagement bei Gruppenarbeitern in einer Automobilmontage ist in dem Artikel "Struktur und Dynamik organisatorischen Erfahrungswissens" dargestellt. Hier wurde beobachtet, wie sich durch die Einführung von erfolgreicher Gruppenarbeit ein kollektives Gedächtnis entwickelt, das von der gesamten Gruppe zum Wohle des Unternehmens genutzt wird. (11)

Alle führenden britischen Anwaltskanzleien geben an, bereits Professional Support Lawyers für das Know-how-Management zu beschäftigen. (7) Ein Beispiel aus der Kreditwirtschaft ist die Sparda-Bank, Münster, die im September 2001 eine Wissens- und Informationsplattform (WIR) eingeführt hat, die neben einem Informations- und Kommunikations-Bereich auch über umfassende e-Learning-Möglichkeiten verfügt. (3)

Bei der Heyde Gruppe wurde die "Heyde Knowledge Sphere" eingeführt, das aus einer technischen, einer organisatorischen und einer Prozesskomponente besteht und damit alle Voraussetzungen für ein zukunftsfähiges Wissensmanagement erfüllt. (4)

Bei Roland Berger & Partner wurde mit "Brain" (Berger Research and Interactive Network) eine vollständig Web-basierende Knowledge-

Management-Lösung verfügbar gemacht. Die Berater können damit auf alle internen Informationsquellen zugreifen, an Diskussionsforen teilnehmen oder in über die ganze Welt verteilten virtuellen Projektteams mitarbeiten. Roland Berger nutzt dafür das System "Livelink" von Open Text. (6)

Die Ahrens Kaufhaus AG setzt auf die im letzten Jahr eingeführte Knowledge-Management-Lösung "Prometheus", die das Wissen des Unternehmens nun strukturiert und thematisch aufbereitet zur Verfügung stellt, die interne Kommunikation verbessert und den Mitarbeitern eine Plattform anbietet, auf der sie ihre Erfahrungen und Ideen unmittelbar einbringen können. (8)

Eine unternehmensübergreifende Lösung entwickelt zur Zeit Dr. Sven Piechota, Universität Lüneburg, in Zusammenarbeit mit der Chorus GmbH, München. Die Controller-Community-Plattform "Contropolis" soll Kommunikations-, Qualitäts- und Lernfunktionen im Internet enthalten, für die der Anwender nur einen Java-fähigen Browser benötigt. (8)

Weiterführende Literatur

(1) Verwaltung macht Wissen /Theorie und Praxis des

modernen Wissensmanagements /Von Thomas Sandkühler *
aus Neue Zürcher Zeitung, 16.02.2002, S. 29

(2) Knowledge-Industrie wird zum Schlüsselsektor Hamburger K1F AG erschließt das Anlagespektrum der Wissen-Werte - Die USA sind Europa weit voraus
aus Börsen-Zeitung, 15.02.2002, Nummer 32, Seite B9

(3) Online-Wissensmanagement und E-Learning in der Finanzwirtschaft
aus Betriebswirtschaftliche Blätter, Februar 2002, Nr. 02, S. 80

(4) Wissens-Management/Heyde-Gruppe setzt auf globales Knowledge-Management (KM) Das KM-Team ist entscheidend
aus Computerwoche, 14.12.2001, Nr. 50, S. 46

(5) Wissensmanagement wird viel diskutiert und wenig praktiziert
aus Frankfurter Allgemeine Zeitung, 11.02.2002, Nr. 35, S. 26

(6) Wissens-Management/Hersteller und Consultants nutzen mittels KM "Good-old-Boys-Netze" Nur geteiltes Wissen ist Macht
aus Computerwoche, 14.12.2001, Nr. 50, S. 40-41

(7) Großkanzleien setzen verstärkt auf Wissensmanagement Unscharfes Berufsbild des Professional Support Lawyers

aus FTD Financial Times Deutschland vom 15.02.2002, Seite 4

(8) Gewusst wie
aus CYbiz Nr. 03 vom 06.03.2002 Seite 042

(9) Das Ende des Aktenordners Archiv-Programme bringen System in die anschwellenden Datenmassen - manche sogar kostenlos
aus FTD Financial Times Deutschland vom 27.02.2002, Seite 30

(10) Beratungsleistungen werden das große Geschäft Knowledge-Management im zweiten Frühling
aus COMPUTERWOCHE Nr. 04 vom 25.01.2002 Seite 28

(11) Struktur und Dynamik organisatorischen Erfahrungswissens. Dargestellt am Beispiel der Einführung von Gruppenarbeit in einer Automobilmontage
aus Zeitschrift für Personalforschung (ISSN 0179-6437). 16. Jg., Heft 1, 2002, S. 5-38

(12) www.iao.fhg.de (Fraunhofer-Institut für Arbeitswissenschaft und Organisation)
aus Zeitschrift für Personalforschung (ISSN 0179-6437). 16. Jg., Heft 1, 2002, S. 5-38

Impressum

WISSENSMANAGEMENT

Bibliografische Information der deutschen Nationalbibliothek

Die Deutsche Nationalbibliothek verzeichnet diese Publikation in der deutschen Nationalbibliografie; detaillierte bibliografische Daten sind im Internet über http://dnb.d-nb.de abrufbar.

ISBN: 978-3-7379-0145-1

© 2015 GBI-Genios Deutsche Wirtschaftsdatenbank GmbH, Freischützstraße 96, 81927 München, www.genios.de

Alle Rechte vorbehalten. Dieses Werk ist einschließlich aller seiner Teile – z.B. Texte, Tabellen und Grafiken - urheberrechtlich geschützt. Jede Verwertung außerhalb der Grenzen des Urheberrechtsgesetzes bedarf der vorherigen Zustimmung des Verlags. Dies gilt insbesondere auch für auszugsweise Nachdrucke, fotomechanische Vervielfältigungen (Fotokopie/Mikroskopie), Übersetzungen, Auswertungen durch Datenbanken oder ähnliche Einrichtungen und die Einspeicherung und Verarbeitung in elektronischen Systemen.